THÈSE

POUR

LA LICENCE

[illegible] des Granges

UNIVRRSITÉ DE FRANCE. — ACADÉMIE DE RENNES

FACULTÉ DE DROIT

THÈSE POUR LA LICENCE

JUS ROMANUM...... De societate vectigalium. (Dig., Lib. XVII, tit. II passim).
DROIT FRANÇAIS.. Des Sociétés à capital variable. (Loi du 24 juillet 1867).

CETTE THÈSE SERA SOUTENUE LE SAMEDI 15 JUIN 1872
à deux heures du soir

PAR M. PAUL GALLERY DES GRANGES

NÉ A CHERBOURG (MANCHE).

Examinateurs

MM. HUE, DURAND, GAVOUYERE, professeurs ; MARIE, agrégé, chargé de cours.

NANTES
IMPRIMERIE CENTRALE, RUE SANTEUIL, 8.

1872.

MEIS ET AMICIS.

JUS ROMANUM

DE SOCIETATE VECTIGALIUM

(DIG., LIB. XVII, TIT. II, PASSIM.)

PRŒMIUM

De contractûs societatis generaliter substantiâ et formâ.

Antequam de vectigalium societatibus specialiter agamus, quales sint substantia formaque societatum generatim et quæ variæ societatis species constituantur, exponere breviter haud inutile videtur.

Societas est bonæ fidei contractus quo res vel operæ communicantur faciendi causâ lucri quod honestum sit atque licitum. Igitur ad contractûs societatis substantiam requiritur :

1° Ut bonâ fide contracta sit. Quapropter societas si dolo malo, aut fraudandi causâ coïta sit, ipso jure nullius momenti ; quia fides bona contraria est fraudi ac dolo.

2° Ut singuli contrahentes aliquid conferant in commune, aut saltem promittant se collaturos. Ceterùm necesse non est ut singuli aliquid ejusdem generis conferant. Nam societatem, uno pecuniam conferente, alio operam, posse contrahi magis obtinuit.

3° Ut singuli contrahant animo lucri faciendi. Hinc donationis causâ societas rectè non contrahitur. Undè si quis societatem per donationem mortis causâ inierit, dicendum est nullam societatem esse. Hinc etiam societas talis coïri non potest, ut alter lucrum tantùm, alter damnum sentiret. Hæc societas *Leonina* vulgò appellatur ; iniquissimum enim genus societatis ex quâ quis damnum, non etiam lucrum spectet.

Præter hæc non potest societas coïri, ut aliam damni, aliam lucri partem socius ferat ; nec potest societas ita contrahi ; neque enim lucrum intelligitur, nisi omni damno deducto. Sed potest coïri societas ita ut ejus lucri quod reliquum in societate sit, omni damno deducto, pars alia feratur; et ejus damni, quod similiter relinquatur, pars alia capiatur. Quinetiam putatur ita coïri societatem posse ut nullius partem damni alter sentiat, lucrum commune sit. Quod ita demùm valebit, si tanti sit opera, quanti damnum est ; plerumque enim tanta est industria socii ut plus societati conferat quàm pecunia.

Jam vero cùm ad societatis substantiam requiratur in singulis contrahentibus animus lucri in commune faciendi, hinc liquet quod in pluribus negotiis ut dignoscatur an societas contracta sit, animus quem partes habuerunt explorandus sit.

4° Denique ad contractûs societatis substantiam requiritur ut lucrum cujus quærendi gratiâ contrahitur licitum sit ac honestum ; nec enim ulla societas maleficiorum vel communicatio justa damni ex maleficio est.

Ad contrahendam societam, nihil præter consensum contrahentium requiritur ; hinc societatem coïre, et re, et verbis, et per nuntium posse nos, non dubium. Contractui societatis plerumque adjicitur lex circâ partes quas quisque socius in societate feret. Et quidem si non fuerint partes societati adjectæ, æquas eas esse constat ; si vero placuerit ut quis duas partes vel tres habeat, alius unam, an valeat ? placet valere, si modo aliquid plus contulit societati, vel pecuniæ, vel operæ, vel cujuscumque alterius rei causâ.

Rectè etiam hæc lex in contrahendâ societate dici potest, ut si in arbitrio certæ personæ quam quisque partem habiturus sit; eo autem casu, intelliguntur contrahentes de arbitrio boni viri sensisse. Non solùm in tertiæ personæ sed etiam in unius ex sociis tanquam boni viri, arbitrio poni potest quam quisque partem in societate laturus sit. Interdùm etiam contractui societatis adjiciuntur leges circa tempus quo duratura sit, incipiet, aut finietur; nam societas coïri potest vel in perpetuum, id est dùm vivunt, vel ad tempus, vel ex tempore, vel sub conditione; verùm nulla societatis in æternùm coïtio.

PRIMA PARS

De variis societatis speciebus.

Societates contrahuntur sive universorum bonorum, sive negotiationis alicujus, sive rei unius, sive etiam vectigalis. Præterea societas universorum quæ ex questu venient, quæ differt a priori universorum bonorum societatis specie.

De his singulis societatum speciebus sigillatim agemus.

§us 1us. — *De societate universorum bonorum.*

Hæc societas coïri potest ut valet, etiam inter eos qui non sunt æquis facultatibus ; cum plerùmque pauperior operâ suppleat, quantum ei per comparationem patrimonii deest. In societate omnium bonorum, omnes res quæ coëuntium sunt continuò communicantur ; quia licet specialiter traditio non interveniat, tacita tamen creditur intervenire ; ea verò quæ in nominibus erunt, manent in suo statu ; sed actionem invicem præstare debent.

Quod attinet ad ea quæ socii post contractam societatem acquirunt, ea non quidem ipso jure societati quæruntur, sed ea socius conferre tenetur. Et quidem ex quâcumque causâ acquirat, socius universa in societatem conferre debet, si omnium bonorum socius; tunc hereditas, et legatum et quod donatum est aut quaquâ ratione adquisitum, communioni adquiretur. Quinetiam dos quam uni ex sociis uxor ejus attulit ut ex eâ sustineantur matrimonii onera. Hinc, si unus ex sociiis maritus sit, et distrahatur societas, manente matrimonio, dotem maritus præcepere debet, quia apud eum esse debet qui onera sustinet; quod si jam dissoluto matrimonio societas distrahatur, eadem die recipienda dos quâ solvi debet.

Dùm societas universorum bonorum res quas vidimus complectitur, onera sustinet etiam : æs alienum cujusque socii ; quandoquidem bona nonnisi deducto ære alieno intelliguntur; sed quidquid ad suos familiæque suæ necessarios usus unusquisque ex sociis erogabit, ad hujus societatis onus pertinebit; idem dicendum de filiarum dotibus, cum ex necessitate dentur.

Socius omnium bonorum non cogitur conferre quæ ex prohibitis causis acquisierit; etenim delictorum turpis atque fœda communio; idem socius ipse tantùm damnum sentire debet si ob maleficium suum damnatus sit. Societas etiam non latura quod in aleâ aut adulterio perdiderit socius.

Interdùm tamen quod ex turpi causâ socius debet, alter socius agnoscere cogitur, scilicet si passus est lucrum quod ex delicto profectum est, in commune conferri. Etenim æquum ut cujus participavit lucrum, participet damnum. Præterea etsi socius alter maleficii inscius fuit ex quo lucrum fecit societas, pro parte emolumenti tenetur.

§us 2us. — *De societate universorum quæ ex questu veniunt.*

Talis societas contrahi intelligitur quum simpliciter societas contrahitur. Hinc, si non fuerit distinctum in societatis coïtione, coïta esse videtur universorum quæ ex quæstu veniunt; sed si adjiciatur ut et quæstus et lucri socii sint, verum est non ad aliud lucrum, quàm quod ex quæstu venit, hanc quoque adjectionem pertinere. Hoc est, si quod lucrum ex exemptione-venditione, locatione-conductione descendit; quinetiam quæstus videntur et in hanc societatem conferuntur, stipendia militiæ atque salaria.

Neque hereditas, neque legatum, neque mortis causâ sive non mortis adjiciuntur inter eas res quæ in hanc societatem conferuntur; fortassis hæc ideò quia non sinè causâ obveniunt, sed ob meritum aliquod accedunt.

§us 3us. — *De societate negotiationis alicujus.*

Tertia societatis species est, cujuslibet honestæ negotiationis. In hâc societate si quæ pecuniæ vel quæ res ad exercendam negotiationem destinentur societati, non statim atque destinatæ sunt communes fiunt, sed tunc demùm quum re ipsâ collatæ fuerunt. Hinc Celsus tractat : si pecuniam contulissemus ad mercem emendam et mea pecunia perisset, cui perierit ea? Et ait; si post collationem evenit ut pecunia periret, quod non fieret nisi societas coïta esset, utrique periri; ut putà si pecunia, quum peregrè portaretur ad mercem emendam, periit; si verò ante collationem, postquam eam destinasses, tunc perierit, nihil eo nomine consequeris, inquit, quia non societati periit.

Huic societati quæ alicujus negotiationis contrahitur, acquiritur omnis quæstus qui ex illâ negotiatione proficiscitur; non autem is quem aliundè socii faciunt. Hinc cum duo erant argentarii, alter eorum aliquid separatim quæsierat, et lucri senserat, quærebatur an commune esse lucrum oporteret? Et scriptum fuit « Etiamsi maximè argentariæ societas inita est, quod quisque tamen socius non ex argentariâ causâ quæsiit, id ad communionem non pertinere, explorati juris est. »

§us 4us. — *De societate certarum rerum vel unius rei.*

Quarta societatis species est societas rerum certarum vel unius rei, putâ unius prædii, ut in specie sequenti « Cum proponas te prædium conjuncto dominio cum patrono tuo comparasse, in posssessionemque tam te quàm ipsum inductum , juris ratio efficit ut dominium fundi ad utrumque pertineat. Sanè quia pretium a te solo numeratum et solemnibus pensitationibus, cessante socio, satisfactum esse dicis; judicio societatis, id quod eo nomine præstari opportuerit, consequeris. Est exemplum aliud : si qui itâ contraxerint ut, si alterutri hereditas justa obveniret, communis foret. Quocirca si ita societas coïta sit, ut si qua justa hereditas alterutri obvenerit, communis sit; quæ sit justa hereditas utrùm quæ jure legitimo obvenit, an etiam ea quæ testamento? Et probabilis est ad legitimam hæreditatem tantum hoc pertinere.

In societate unius rei (quemadmodum in societate unius negotiationis) illud demùm lucrum damnumve conferendum est, quod propter illam rem contingit; sed nec illud lucrum quis conferet, quod duntàxat propter suam partem sensit.

SECUNDA PARS

De variis societatis speciebus (continuatio) : de societate vectigalium.

Hæc quinta societatis species a negotiationis alicujus societate non differt, nisi quod, ut videbitur infrà, proprium est huic societati ut morte unius e sociis non solvatur, sed duret inter superstites; quinetiam ut, si ab initio ita convenerit, hæres defuncti in societatem succedat.

Magni momenti atque ponderis erant societates quæ pro vectigalium conductione constitutæ fuerunt et quæ ob eam causam *societates vectigales* vel *societates vectigalium* sunt appellatæ. Hoc fuerat in more positum institutoque Romanorum ut locaretur portorii jus, Reipublicæ etiam pascui agri vel in Italiâ vel in provinciis positi, et aurariæ vel argentariæ vel ferrariæ bello quæsitæ in Illyrico, Thraciâ, Africâ atque Sardiniâ (1). Idem de salinis (2). Talis pecuniæ adquirendæ modus non solùm sub Republicâ, sed etiam usque ad primos Imperatores christianos viguit.

Reipublicæ etiam magno fuerat emolumento alter vectigal, scilicet omnium fructuum decima quæ ex Asiæ, Siciliæ, Ægypti cæterarumque provinciarum agris percipiebatur (3). Ex lege Semproniâ decimæ faciebatur auctio. In Româ, adjutoribus censoribus, horum vectigalium locatio

(1) Tit. liv. lib. 45, n° 19.
(2) Cicer. In lege manil. 6.
(3) Cicer. III, in Verrem, 6.

efficiebatur (1), eà conditione ut a locatoribus ærario concederetur determinata pecuniæ summa; principiò constituebantur ad quinque annos locationes, sed imperatore Constantino regnante, usque ad tres annos solùm factæ sunt. Reipublicæ intererat vehementer quod summi prætii erant auctiones, atque magistratus maximis adjudicationibus gloriam petebant (2).

Publicani (3) appellebantur hi locatores. Hoc nomen nec unquam ignominiosum; etenim publicani sæpissimè summo equitum ordine sunt orti (4); videbantur etiam ad amplissimos honores atque provinciarum administrationem ascendentes; hoc tamen exploratum habemus in odium frequenter venisse istos provinciis suis quas omnis generis exactionibus persequebantur (5).

Maxima rerum molimina complectebatur vectigalis locatio, numerosasque regiones sicuti Asiam, Africam, Hispaniam atque Galliam (6). Quinetiam sæpè eveniebat ut universa cujusdam provinciæ vectigalia acervatim plurimo dicenti addicerentur, et ob eam causam solus eques, tametsi erat ditissimus, talis administrationis onus sustinere nequebat. Igitur susciperat consuetudo ut equites coirent societates quarum gratiâ atque viribus pecuniæ lacunas explebant. Hæ societates quæ Romanis litteris ac jurisconsultorum scriptis magnoperè sunt celebratæ. Reipublicæ viros opibus præpotentissimos colligebant ; quosdam complectebantur claros præstantesque homines qui, sicut Rabirius, regibus regionibusque ingens commodabant argentum (7).

(1) Cicer. I. Agrar contra, Rull. 3.
(2) Cicer. III, In Verrem passim.
(3) Quia publico fruuntur, l. I, § 1, D. de public.
(4) Cicer. pro Planc. 9, 12, 13. — Tacitus IV, ann. 6.
(5) Cicer. Ad Quint. fratrem lib. 1, epist. 1.
(6) Cicer , III. In Verrem, II.
(7) Cicer. Pro Rabirio Posthumo. c. 2.

Eædem trahebant societates in provinciarum negotia amplissimarum genere patrimonia familiarum, quarum auctoritas reipublicæ auctoritati adjuncta urbem constituebat in solidum obligatione ligatam cum provincialibus commodis (1); maximi momenti erant et ponderis quæ decimas conducebant sicut Bythiniæ vel Siciliæ vel Asiæ vel Hispaniæ societates (2); magni etiam ponderis, quæ conducebant salinas (3).

In harum societatum constitutione, alii constituebantur *mancipes*, atque fidem suam erga Rempublicam obstringentes, pro societatis muneribus universis spondebant; alii cautiones fiebant eamque ob causam *prædes* appellebantur ; tandem aliquando alii negotio sese implicabant ut rei socii participes.

Quisque pro industriâ suâ vel suo expenso emolumenta percipiebat socius.

Nonnunquam inter socios dividebatur administratio (4) atque officii designatas partes unusquisque explebat. Ex his autem socius unus fuit sæpissimè qui *magister* societatis dictus est, qui Romæ societati ita preerat ut et socios quasi senatum cogendi, et ad eos, de societatis negotiis referendi potestatem haberet, curamque omnem gereret tabularum et rationum, quæ undique ab iis, qui publicanorum societati operas dabant, Romam mitterentur (5). In provinciis constituerant magistri inferiore gradu administratores qui *promagistri* sunt appellati (6).

Erat etiam magni ponderis *promagister* ac provinciæ ipsos summis amplicabant honoribus ut illi cum indulgentiâ æquitateque vec-

(1) Cicer. Pro lege Maniliâ, c. 6 et 7.

(2) Cicer. Ad familiares, XIII. Epist. 9 ad Crassepedem. — Item in Verrem, 70.

(3) Celsus l. 59, 51 D. de hæred inst. Diocl. et Maxim., l. 3. C. Pro socio.

(4) Paul l. 9 54 D de public.

(5) Cicer. III. In Verrem, 71.

(6) Cicer. ad attic. XI, post 10. Ad familiares, XIII, 65.

tigalia sua perciperint (1). Adhuc provinciales gubernatores honorificè accipiebant *promagistros*, a quibus fortassè, cum e fonctionibus suis excederint, in judicium vocarentur (2); etenim præfectorum exactiones aliquandò persequebantur judicio *promagistri*, aliquandôque etiam cum his præfectis malificiorum pactiones conflabant ex quibus pro societate fructum immensum percipiebant (3).

Ad hanc gerendam societatem mittebantur multi; alii socii, non alii; hicc ingenui erant, non isti; scribæ, vicarii, apparitores cursoresque ad tabulas gerendas (4), ad litterarum efficienda commercia vel ad perficiendam vectigalium coactionem præponebantur (5).

Ut societatis vincula consererentur, hæc consuetudo increbuerat Romanam apud legem, scilicet unius ex sociis morte societatem haud dirimi (6), atque inter socios obligatio in solidum, quamquam cadit hoc in disceptationem, adhuc admittitur; vectigales denique societates eam acquisierant celebritatem ut inter collegia Reipublicæ auctoritate confirmata fuerint collocatæ; quapropter a doctoribus *societates collegiatæ* sunt appellatæ.

Neque solùm pecuniæ auctoritate, sed etiam publicâ auctoritate societates publicanorum fruebantur, sicut confirmatum est illud Ciceronis orationibus epistolisve in quibus dicitur : « Qui ordo (publicanorum) quanto adjumento sit in honore, quis nescit? Flos enim equitum Romanorum, ornamentum civitatis, firmamentum Reipublicæ publicanorum ordine continentur (7). » Atque aliùd : « ... Nulla Romæ

(1) Cicer. III. In Verrem, 42.

(2) Cicer. III. In Verrem, 41.

(3) Cicer. II. In Verrem, 70, III. Id. 57.

(4) « Ea ratio decumarum sinè plurimis libris confici non potest. » (Cicer. III. In Verrem, 47).

(5) Valer. Maxim. lib. 6, c. 9. Cicer. Ad famil. VIII, 9.

(6) Pomponius, l. 59. D. Pro socio.

(7) Cicer Pro Plancio, n° 9.

societas vectigalium, quæ non honorificentissimè decrevisset de meo salute... (1). » Atque aliùd : « ... Publicanis in oculis sumus... (2). » Sicut Cicerò, cæteri clarissimi viri, inter eos Cæsar, frequenter gratiâ auctoritateque publicanorum nixi sunt, et harum societatum tutellam ac benevolentiam magno conatu studioque prosecuti fuerunt ; et enim crebro, publicanis faventibus, ad explendam dignitatum honorumque famem pervenerunt.

Hæ societates, regnantibus Romanis imperatoribus, decreverunt ; vectigalium percipiendorum est commutatus modus atque decimæ conductio quæ publicanis fuerat emolumento maximo, vectigalium societatum haud fuit deinceps proprium ; decimæ enim in nummorum vectigal sunt commutatæ, quod e magistratibus delectis ab imperatore colligebatur ; publicani tamen usque ad extremum tempus portorii, (3) salinarum (4) metallorumque vectigalia retinuerunt.

(1) Cicer. Pro Sexto, 14.

(2) Cicer. Lib. VI, epistol., 2.

(3) Constantinus, l. 2, c. Theod. De Veteranis. Godfroy de hac lege sic loquitur « A publicanis Veteranos inquietari Constantinus M. vetat, id est portorium ab suis exigi, etc... »

(4) Lib. III, c. Justin. Pro socio

TERTIA PARS

De jure sociorum circa societatem et quibus modis solvitur societas.

Et nunc de alio jure ad societatem vectigalium pertinente hanc dissertationem peragens, loquemur.

Socius portionem quam in rebus communibus habet, in quemlibet transferre potest. Hinc Diocletianus Maximianusque « Falso tibi persuasum est, communis prædii portionem pro indiviso, antequam communi dividundo judicium dictetur, tantùm socio, non etiam extraneo posse distrahi. » Cæterum nemo ex sociis plus parte suâ potest alienare, etsi totorum bonorum sint socii.

Non solum socius non potest res communes nisi pro parte suâ alienare sed etiam ait Sabinus : « In re communi neminem dominorum jure facere quicquam, invito altero, posse ; unde manifestum est prohibendi jus esse ; in re enim pari potiorem causam esse prohibentis constat. Hinc si in areâ communi ædificare velis, socius prohibendi jus habet ; quamvis tu ædificandi jus habeas a vicino concessum ; quia, invito socio, in re communi non habeas jus ædificandi. Hinc etiam de communi servo unus ex sociis quæstionem habere, nisi communis negotii causâ, jure non potest.

Socius suis sociis alium socium citra eorum consensum adsiscere non potest ; hinc qui admittitur socius, ei tantùm socius est qui admisit ; et rectè ; cum enim societas consensu contrahitur, socius mihi esse non potest, quem ego socium esse nolui ; quid ergo si socius meus eum admisit ? et soli socius est ; nam socii mei socius, meus socius non est.

Illud est notandum obiter : planè si ambo socii servum alterius præposuerint, non tenebitur dominus ejus nomine, nisi duntaxat de peculio : commune enim periculum esse oportet, cum ambo eum præponamus. Igitur non ob eam rem minùs ad periculum socii pertinet quod negligentiâ ejus perisset, quòd in plerisque aliis industriâ ejus societas aucta fuisset; et hoc ex appellatione imperator pronunciavit; et ideo si socius quædam negligenter in societate egisset, in plerisque autem societatem auxisset, compendium cum negligentiâ haud compensatur.

Quibus solvitur societas modi sic enumerantur : Dissociamur renuntiatione, morte, capitis minutione ac egestate; enumerantur etiam : Societas solvitur ex personis, ex rebus, ex voluntate, ex actione; ideoque sive homines, sive res, sive voluntas, sive actio interierit, distrahi videtur societas.

1° Ex personis solvitur societas, interitu personarum quæ societatem contraxerint; intereunt autem homines maximâ aut mediâ capitis diminutione aut morte.

Igitur morte unius socii societas dissolvitur, etsi consensu omnium coïta sit, plures verò supersint, nisi in coëunda societate aliter convenerit; nec hæres socii succedit; et adeo morte socii solvitur societas, ut nec ab initio pacisci possimus, ut hæres etiam succedat societati. Hæc ita sunt in privatis societatibus; in societate autem vectigalium nihilominùs manet societas, et post alicujus mortem; sed ita demùm si pars defuncti ad personam hæredis ejus adscripta sit, ut heredi quoque conferri oporteat; quod ipsum ex causâ est æstimandum; quid enim si is mortuus sit, propter cujus operam maximè societas coïta sit; aut sine quo societas administrari non possit?

Morte quidem socii solvitur societas, et hœres in ipsam societatem non succedit; cæterùm in omne jus socii quod ex ante gesto pendet succedit; hinc si in rem certam emendam conducendamve coïta sit societas, tunc etiam post alicujus mortem quidquid lucri detrimentive factum commune esse dicitur. Publicatione quoque societatem distrahi censemus.

2° Ex rebus solvitur societas quum res ex quibus societas contracta est, intereunt. Res verò intereunt quum aut nullæ relinquantur aut conditionem mutaverint; neque enim ejus rei quæ jam nulla sit, quisquam socius est, neque ejus, quæ consecrata publicatave sit. Huc pertinet quod solvitur societas socii unius egestate; nam bonis a creditoribus venditis unius socii, distrahi societatem aiunt; huc etiam pertinet quod si alicujus rei sit societas, et finis negotio impositus, finitur societas;

3° Voluntate distrahitur societas, renuntiatione; et quidem renuntiatione unius ex sociis etiam altero invito; modo tamen bonâ fide facta sit; debet etiam renuntiatio, ut renuntiantem à societate liberet esse tempestivè facta; an autem intempestivè facta censenda sit, non ex eo quod socii, sed ex eo quod societatis intersit, æstimatur.

Renuntiare societati etiam per alios possumus; et ideo dictum est, procuratorem quoque societati renuntiare posse; præterea curator furiosi renuntiare et ei renuntiari potest, ut constituit Justinianus. Communi consensu et quidem vel tacito solvitur etiam societas: itaque cum separatim socii agere cœperunt, et unusquisque eorum sibi negocietur, sine dubio jus societatis dissolvitur, unius autem voluntate alteri non renuntiatâ, non solvitur societas; hinc si servus societatem coierit, non sufficiet, si jubeatur a domino servus abire à societate; sed socio est renuntiandum;

4° Actione denique societas distrahitur, quum aut stipulatione aut judicio mutata sit causa societatis. Aiunt enim hoc ipso quòd judicium ideo dictatum est ut societas distrahatur, societatem renuntiatam, sive totorum bonorum sive unius rei coïta sit societas.

DROIT FRANÇAIS

DES SOCIÉTÉS A CAPITAL VARIABLE

(LOI DU 24 JUILLET 1867).

INTRODUCTION

OBJET DE LA SOCIÉTÉ, SA DÉFINITION, SON CARACTÈRE.

Les sociétés à capital variable ont été instituées par la loi du 24 juillet 1867 et font l'objet du titre III de cette loi.

En créant ce nouveau mode d'association, le législateur a eu pour but de favoriser le mouvement coopératif, c'est-à-dire les sociétés connues sous le nom de sociétés de coopération qui ont toutes un élément commun : la création du capital par l'épargne.

La société à capital variable peut se définir ainsi : une société coopérative dont le capital peut, suivant les statuts, être augmenté soit par des versements successifs, soit par l'admission de nouveaux membres, ou être diminué par la reprise soit totale, soit partielle des apports.

Toute société civile ou commerciale peut adopter l'une des stipulations permises par l'article 48, pour jouir des avantages du titre III. Mais il est certain que les formes qui conviennent le plus à ce genre d'opérations sont les sociétés en commandite par actions et les sociétés anonymes. En effet, la plupart des articles que nous avons à étudier ne peuvent concerner que les sociétés par actions. Nous nous en occuperons donc particulièrement.

La société à capital variable diffère des sociétés ordinaires qui ont pour objet des capitaux existants en ce qu'elle a pour objet des capitaux en voie de formation. Son but est d'en préparer, d'en favoriser l'accumulation.

Dans les sociétés ordinaires, le capital est fixe. Dans la société qui nous occupe, il est variable ainsi du reste que l'indique le titre lui-même : *Société à capital variable.*

Plus tard, suivant l'importance des affaires qu'elle traitera, cette société pourra développer, augmenter le capital primitif, tout en ne dépassant pas la limite voulue par la loi, et que nous indiquerons plus loin.

Les membres qui composent ce genre d'association sont la plupart du temps des ouvriers ayant besoin de se déplacer, de faire usage de leurs ressources pécuniaires lorsqu'ils traversent des situations critiques. La loi a voulu tenir compte de ces positions et c'est pourquoi elle a laissé aux associés la faculté de quitter la société, en retirant tout ou partie de leur capital primitif, et cela sans compromettre les intérêts des tiers et de la société.

Mais nous verrons que les statuts peuvent apporter au besoin quelque restriction à cette faculté.

Il y a donc cette nouvelle différence entre les sociétés ordinaires et la société à capital variable, que dans cette dernière les sociétaires ne sont pas obligés à laisser leur mise dans la société pendant toute sa durée.

La société à capital variable a des éléments propres qui la caractérisent. Mais bien qu'elle soit régie par des règles spéciales, elle ne peut cependant exister qu'à la condition de revêtir les formes essentielles des autres sociétés auxquelles elle se rattache.

CHAPITRE Ier.

DES SOCIÉTÉS EN COMMANDITE PAR ACTIONS, A CAPITAL VARIABLE.

Nous savons qu'en principe ce genre de société est réglé par la législation sur les sociétés en commandite par actions proprement dit.

Etudions d'abord les règles qui sont communes aux deux genres de société. Ensuite nous verrons les exceptions qui réglementent la société à capital variable, ayant revêtu la forme des sociétés en commandite par actions.

§ 1er. — *Règles communes à la société en commandite par actions et à la société à capital variable.*

La société en commandite est une société dans laquelle certains associés appelés *commanditaires* sont simplement bailleurs de fonds et tenus jusqu'à concurrence de leur mise, tandis que les autres répondent personnellement et solidairement des obligations sociales.

La loi de 1867, de même que celle de 1856 sur les sociétés, considère la souscription de la totalité du capital comme l'un des signes auxquels l'on peut reconnaître qu'une société est sérieuse. Elle veut en conséquence que la société en commandite par actions ne puisse être définitivement constituée qu'après la souscription de la totalité du capital social.

Avant de solliciter des souscriptions, on rédige les statuts de la société; on en dresse un acte. Cet acte peut être authentique ou sous-seing privé. La loi de 1867 tranche une question jusqu'alors controversée en décidant que lorsque l'acte est sous-seing privé, deux doubles suffisent, quelque soit le nombre des associés.

Quand le gérant a recueilli toutes les souscriptions et encaissé une partie de chaque action, il en doit faire la déclaration dans un acte notarié et y annexer : 1° la liste des souscripteurs; 2° l'état des versements effectués; 3° l'un des doubles de l'acte de société s'il est sous-seing privé ou une expédition, s'il est notarié et s'il est passé devant un notaire autre que celui qui a reçu la déclaration. L'annexe de l'acte de société a paru inutile dans le cas où cet acte aurait été reçu par le notaire même qui reçoit la déclaration de souscription et de versement. Enfin, quand l'acte de société est sous-seing privé, l'autre double reste déposé au siége social.

Sous la législation du Code de commerce, on avait pris l'habitude d'exagérer les apports qui ne consistent pas en numéraire et les avantages particuliers. Séduit par des annonces et des prospectus pleins de promesses, le public ne souscrivait pas toujours en entière connaissance de cause. De là, un consentement insuffisant pour assurer légitimement à certains associés la jouissance des avantages qu'ils avaient stipulés ou pour rendre inattaquable l'évaluation faite des apports autres qu'en numéraire. La loi de 1867 a voulu réprimer ces abus, d'accord en ce point avec les législations antérieures de 1856 et de 1863. Voici les dispositions de la loi nouvelle :

Lorsqu'un associé fait un apport en nature ou stipule pour lui-même des avantages spéciaux, une première assemblée générale est convoquée pour arriver aux moyens de se rendre compte de la valeur des apports ou du bon droit des avantages spéciaux.

Cette première assemblée ne suffit pas. Il en faut une seconde pour statuer sur l'approbation de l'apport ou des avantages. La convocation d'une seule assemblée serait insuffisante. Il y aurait lieu de redouter les entraînements de la première heure. La seconde assemblée ne peut délibérer efficacement que lorsqu'on aura fait imprimer un rapport, lequel devra être mis à la disposition des actionnaires au moins cinq jours avant la date de la convocation de cette assemblée.

Dans ces assemblées générales, la majorité doit se composer non-seulement de la pluralité des actionnaires présents, mais encore du quart de tous les actionnaires présents ou non et représenter le quart du capital social en numéraire.

Les associés qui ont fait l'apport ou stipulé des avantages spéciaux ne sont pas compris dans le vote. Si l'approbation n'est pas donnée, la société reste à l'état de projet. Impossible de passer outre.

Mais toutes ces dispositions de la loi touchant la vérification et l'approbation de l'apport sont inapplicables lorsque la société à laquelle est fait l'apport est formée entre ceux seulement qui en étaient propriétaires par indivis. Il n'y a plus à craindre en ce cas que la confiance des actionnaires soit captée par des apparences fallacieuses.

La nomination d'un conseil de surveillance est nécessaire avant le commencement des opérations de la société. En cas de contravention à cette règle, le gérant est passible d'une amende de 500 à 10,000 fr. (art. 13, 2e alin.)

La loi de 1856 fixait à cinq le nombre minimum des membres composant le conseil de surveillance. La loi de 1867 le réduit à trois, voulant faciliter la composition de ce conseil.

La loi de 1856 reçoit encore une modification : le conseil de surveillance n'est plus réélu tous les cinq ans. La loi de 1867 le soumet à la réélection aux époques et suivant les conditions adoptées dans les statuts. Néanmoins, lorsqu'un conseil de surveillance doit être constitué pour la première fois, la durée des fonctions des membres de ce conseil ne peut excéder un an. Les intéressés ne se connaissant que très-imparfaitement au moment de la formation de la société peuvent faire des choix préjudiciables aux intérêts de cette société et il importe de remédier à cet état de choses le plus promptement possible.

La loi de 1867 impose à ce premier conseil par une disposition plus formelle que dans la législation antérieure le devoir de vérifier si toutes les conditions fondamentales de la société ont été observées. Cette même loi associe en ce point les membres composant le premier conseil aux obligations et à la responsabilité des gérants

Il est d'une importance capitale que toutes ces formalités soient observées dans la création de la société qui nous occupe. Car si on les néglige, la société est déclarée nulle. Cette nullité est radicale, en ce sens que cette nullité peut être opposée par les associés les uns aux autres et peut l'être par les tiers aux associés. Mais non par les associés aux tiers.

Quand la société a été annulée et qu'un préjudice pour la société ou pour les tiers est résulté de l'annulation, nous venons de dire que les membres composant le premier conseil de surveillance peuvent être déclarés responsables avec le gérant. La loi de 1856 établissait que cette responsabilité pouvait être solidaire. La loi nouvelle n'a pas voulu appliquer la solidarité à deux fautes, celle du gérant et celle du conseil qui, par l'intention et le fait, pouvaient être indépendantes. Mais la même responsabilité peut être prononcée contre ceux des associés dont les apports ou les avantages n'ont pas été vérifiés et approuvés.

La loi de 1867 s'est principalement étendue sur les attributions et les obligations des membres du conseil de surveillance. Elle maintient la plupart des principes consacrés par l'ancienne loi, tout en y apportant quelques modifications.

Les membres du conseil de surveillance sont chargés de vérifier les livres, la caisse, le portefeuille et les valeurs de la société. Ils doivent présenter chaque année à l'assemblée générale un rapport constatant les irrégularités et les inexactitudes découvertes daus les inventaires et exposant les motifs qui pourraient s'opposer à la distribution des dividendes. Ces dividendes doivent être prélevés sur les bénéfices; jamais sur le capital de la société.

Ici, la loi de 1867 tranche une question controversée sous la législation antérieure, en décidant qu'ou ne peut répéter les dividendes contre les actionnaires, à l'exception du cas où la distribution en a été faite en l'absence de tout inventaire ou en dehors des résultats constatés par l'inventaire.

L'action en répétition se prescrit par cinq ans, à partir du jour fixé pour la distribution.

Quinze jours au moins avant la réunion de l'assemblée générale, chaque actionnaire ou son mandataire peuvent prendre communication, au siége de la société, du bilan, des inventaires et du rapport.

Enfin, le conseil de surveillance a le droit de convoquer l'assemblée générale et de provoquer la dissolution de la société. Mais l'assemblée générale a seule qualité pour autoriser cette dissolution.

L'ancienne loi voulait que les membres du conseil de surveillance fussent responsables entre eux. La loi nouvelle décide qu'il n'y a lieu à responsabilité que pour celui qui a commis des fautes personnelles, dans l'accomplissement de son mandat. La loi de 1867 innove encore en décidant que les membres du conseil de surveillance ne sont plus, comme par le passé, *civilement responsables* des délits commis par les gérants.

De même que les législateurs anciens, les auteurs de la loi actuelle ont joint à la sanction civile la sanction pénale pour empêcher les infractions qui pourraient être commises soit dans la formation, soit dans la gestion de la société :

Est punie d'une amende de 500 à 10,000 fr., l'émission ou négociation d'actions ou de coupons d'actions, quand la valeur nominale est au-dessous du minimum de 100 ou 500 fr., — quand la société a été formée avant que le capital n'ait été entièrement souscrit, ou avant que chaque associé n'ait versé une partie déterminée du montant de ses actions, — quand ces souscriptions et ces versements n'ont pas été constatées légalement, — ou quand les actions sont au porteur, au lieu d'être nominatives, condition essentielle pour les sociétés à capital variable, ainsi que nous le verrons dans le paragraphe suivant.

Il en est de même pour toute participation à ces négociations et de toute publication de la valeur de ces mêmes actions (art. 14, 2e alin.)

Le gérant qui commence les opérations sociales avant l'entrée en fonctions du conseil de surveillance est également passible d'une amende de 500 à 10,000 fr. (art. 13, 2e alin.)

Sont encore passibles de cette amende et, en outre d'un emprisonnement de cinq à dix jours : 1° ceux qui se présentant comme ayant des actions ou des coupons dont ils ne sont pas les propriétaires, ont crée frauduleusement une majorité factice dans une assemblée générale, sans préjudice de tous dommages-intérêts envers la société ou envers les tiers; 2° leurs complices, les véritables propriétaires, qui leur ont remis ces actions ou ces coupons pour accomplir cette illégalité (art. 13, 4e alin.)

La peine infligée à l'escroquerie est applicable à la simulation de souscriptions ou de versements, à la publication faite de mauvaise foi de souscriptions et de versements non réels, ou de tous autres agissements faux afin de recueillir des souscriptions ou des versements, à la publication faite de mauvaise foi, dans l'intention de provoquer des souscriptions et des versements, du nom de personnes n'étant pas réellement dans la société et ne devant pas y entrer (art. 15, 3e alin.)

Sont sous le coup de la même grave pénalité, les gérants qui, sans inventaire ou à l'aide d'inventaires mensongers, ont distribué aux actionnaires des dividendes fictifs.

Les circonstances atténuantes peuvent mitiger les peines applicables dans tous ces cas.

Chaque actionnaire peut intenter, pour son compte personnel, une action soit contre le gérant, soit contre le conseil de surveillance. De plus, lorsque les actionnaires représentant le vingtième au moins du capital social ont, dans un intérêt commun, à soutenir soit comme défendeurs ou comme demandeurs un procès contre les gérants ou le conseil de surveillance, ils peuvent charger, à leurs frais, un ou plusieurs mandataires de les représenter en justice. Cette autorisation est formellement accordée par les auteurs de la loi de 1867, d'accord en cela avec leurs devanciers de 1863 et de 1856.

Mais on décide généralement que ce mode de procéder ne pourrait pas être suivi pour contestation entre une catégorie d'actionnaires et une autre catégorie.

§ 2. — *Règles spéciales aux sociétés en commandite par actions, à capital variable.*

A l'origine de la constitution de la société, le capital social ne peut être porté au-dessus de 200,000 fr. La loi a fixé ce chiffre, voulant protéger les sociétaires eux-mêmes contre leur entraînement souvent irréfléchi qui les faisait engager des capitaux considérables. Cette restriction n'a lieu que pour la première année. Passé ce délai, la société peut augmenter son capital d'année en année d'une pareille somme de 200,000 fr. L'assemblée générale est juge en cette matière.

Les actions sont nominatives, même après leur entière libération. La loi voulant réprimer l'agiotage n'a pas permis les actions au porteur.

Les actions ou coupons d'actions sont de 50 fr. au moins, et ne peuvent pas être d'un taux inférieur.

Les actions ou coupons d'actions ne peuvent être négociés que lorsque la société aura été définitivement et légalement constituée. Le versement d'un dixième est seulement exigible pour la constitution de la société.

La négociation des actions ne peut avoir lieu que par voie de transfert sur les registres de la société, et les statuts peuvent donner le droit au conseil d'administration ou à l'assemblée générale de s'opposer au transfert.

Les statuts peuvent déterminer également la limite au-dessous de laquelle le capital social ne pourra descendre. Ils ne peuvent l'abaisser à une somme inférieure au dixième du capital social. Toutefois ils peuvent le porter bien au-delà du dixième, selon les besoins présents ou éventuels de l'entreprise.

Nous avons dit que dans la société à capital variable les associés peuvent retirer leur mise pendant la durée de la société, et en retirant leur apport ils cessent naturellement d'être associés. Les statuts peuvent cependant restreindre cette faculté. De plus, cette permission de retrait ne peut exister qu'à la condition que le capital social ne tombera pas au-dessous de la limite *minimum* qui a été fixée.

Lorsqu'un ou plusieurs actionnaires ne remplissent pas suffisamment leurs devoirs, ou que l'on a à leur reprocher des faits contraires à la moralité et de nature à leur attirer la déconsidération publique, les statuts, qui ont prévu ce cas, donnent à l'assemblée générale le pouvoir de décider que ces actionnaires soient expulsés de la société. Cette détermination doit être prise à la majorité voulue pour la modification des statuts.

Quand un associé, soit volontairement, soit forcément, sort de la société, sa retraite ne le soustrait pas aux engagements qu'il aura expressément contractés ou qui découlent de la qualité d'associé qu'il aura précédemment revêtue. Il sera tenu cinq années durant, à partir du jour de sa sortie de la société, des engagements pris par lui comme sociétaire, soit envers la société, soit envers les tiers. Passé cette époque seulement, sa responsabilité sera complétement à couvert.

Les sociétés à capital variable sont parfois *commerciales*. Mais elles sont le plus souvent *civiles*, et comme telles la loi devrait leur défendre de pouvoir ester en justice par leurs administrateurs. Tous les membres de la société devraient figurer nominativement dans l'instance.

Mais ici une dérogation est faite au droit commun. Le législateur assimile ce genre de société civile aux sociétés commerciales ordinaires.

La société à capital variable étant une société purement coopérative, une société non pas de personnes principalement, mais de capitaux, ne peut prendre fin ni par la mort, ni par la faillite, ni par l'interdiction ou la déconfiture des associés. Elle continue de plein droit entre les autres associés malgré la mort, l'interdiction, la faillite ou la déconfiture d'un ou plusieurs associés.

Toutefois les statuts peuvent déroger à cette exception. Dans ce cas, ils ont force de loi.

CHAPITRE II.

DES SOCIÉTÉS ANONYMES, A CAPITAL VARIABLE.

Nous venons d'étudier les règles qui doivent être observées dans les sociétés à capital variable lorsqu'on leur a donné la forme de sociétés en commandite par actions. Mais, ainsi que nous l'avons dit en commençant, les sociétés à capital variable peuvent encore exister à la condition de revêtir la forme des sociétés anonymes. Nous avons donc à les étudier sous cette nouvelle forme, et c'est ce qui va faire l'objet du présent chapitre.

Comme pour les sociétés en commandite par actions, à capital variable, la législation commune est en principe la règle des sociétés anonymes à capital variable. Par conséquent, ici encore, nous avons à voir, en premier lieu, les règles qui sont applicables aux sociétés anonymes proprement dit.

§ 1. — *Règles communes aux sociétés anonymes et aux sociétés à capital variable.*

La société anonyme, comme l'indique son appellation, est une société dans laquelle tous les associés sont inconnus et n'engagent que leur mise. C'est une association de capitaux plutôt qu'une association de personnes, faisant le commerce sous une dénomination quelconque, et dont les gérants sont exposés à des poursuites de la part des créanciers. Donc, point de raison sociale, comme dans la société en nom collectif ou la société en commandite. On la qualifie seulement par la désignation de l'objet de son entreprise.

D'habitude, le capital des actions anonymes se divise en actions ou en coupons d'actions d'une valeur égale.

La loi de 1867 innove en décidant que les sociétés anonymes n'ont plus besoin aujourd'hui, pour être créées, de l'autorisation du gouvernement. Elle innove encore en établissant qu'un acte notarié n'est plus nécessaire pour la constitution de cette société. Un acte sous-seing privé remplace cet acte notarié, et quelque soit le nombre des associés, un double original suffit.

Les mandataires qui administrent la société anonyme sont révocables. Sous l'empire de la loi nouvelle ils ne peuvent plus être pris que parmi les associés. Toutefois ils peuvent se substituer un mandataire étranger à la société, dont ils sont responsables. Les statuts font la loi sous ce rapport. Ces mandataires engagent la société, sans s'obliger eux-mêmes, et ne sont responsables que de l'exécution de leur mandat.

La loi de 1867 exige le nombre de *sept* membres au moins pour qu'il y ait société anonyme. Au-dessous de ce chiffre, l'association devra revêtir la forme des sociétés en nom collectif ou en commandite.

Lorsqu'un an s'est écoulé depuis l'époque où le nombre des actionnaires est devenu inférieur à sept par la concentration des actions en quatre, cinq ou six mains, toute partie intéressée peut demander la dissolution de la société et les juges décideront sous ce rapport.

Pour ce qui concerne le taux des actions, la souscription du capital social, le versement d'une partie de chaque action, la constatation des souscriptions et des versements, l'annexe des pièces à la déclaration du gérant, toutes les règles que nous avons exposées dans le chapitre précédent au sujet des sociétés en commandite sont également applicables aux sociétés anonymes régies par la loi nouvelle. Ici seulement, ce sont les fondateurs qui font la déclaration qu'ils soumettent ensuite à la première assemblée générale des actionnaires.

Même législation aussi pour les deux modes de société en ce qui regarde la forme des actions, la responsabilité des actionnaires et de leurs cessionnaires, la négociabilité des actions, l'appréciation et l'approbation des apports et des avantages particuliers par deux assemblées générales. Il y a seulement cette différence que ce n'est plus le quart du capital social qui doit être représenté par les actionnaires dans ce dernier cas, mais la moitié; et si cette majorité en numéraire n'existe pas lors de la première assemblée, la seconde doit représenter le cinquième au moins du capital social.

D'accord avec la législation ancienne la loi de 1867 prescrit un fonds de réserve. Un vingtième au moins est prélevé sur les bénéfices nets de chaque année. Ce prélèvement cesse d'être obligatoire lorsque le fonds de réserve a atteint le dixième du capital social.

Enfin la société anonyme régie par la loi nouvelle n'est définitivement formée, elle aussi, que lorsqu'ont eu lieu les assemblées générales précitées, et que lorsque les administrateurs sont entrés en fonctions.

Ces administrateurs et ces commissaires sont nommés par une assemblée générale, toujours nécessaire, qu'il y ait des apports à approuver ou non. Le procès-verbal de la séance constate cette nomination.

Lorsque les administrateurs ont été nommés par l'assemblée générale des actionnaires, la durée de leurs fonctions ne peut excéder six ans. Quand ils sont seulement nommés par les statuts, la durée de leur pouvoir est limitée à trois ans.

Les statuts déterminent le nombre d'actions que devront posséder les administrateurs. Ces actions sont nominatives et inaliénables. C'est là une garantie créée par la loi au profit des tiers et des associés eux-mêmes.

Dans un même but, il est défendu à ces administrateurs de prendre des intérêts directs ou indirects dans une série d'opérations consistant en marchés ou entreprises passés avec la société ou pour son compte. Une décision de l'assemblée générale pourra seule lever cette interdiction.

A chaque assemblée générale de fin d'année, il devra être rendu un compte exact de ces entreprises ou marchés.

La loi veut que les administrateurs dressent chaque semestre un état sommaire de l'actif et du passif de la société. Ces indications seront à la fois utiles aux administrateurs et aux commissaires dont elles faciliteront le contrôle. L'inventaire dont les commerçants sont tenus devra également être fait à la fin de chaque année. L'une et l'autre de ces situations seront mise le quarantième jour au moins avant la réunion de l'assemblée générale à la disposition des commissaires. Quinze jours avant la même réunion, chaque actionnaire pourra venir prendre connaissance, au siége social, de ces pièces et se faire délivrer une copie du bilan, s'il le juge convenable.

En cas de perte des trois quarts du capital social, les administrateurs doivent provoquer l'assemblée générale, qui prononcera s'il y a lieu de continuer l'association ou de la dissoudre. La résolution prise dans cette assemblée générale devra être rendue publique. Si les administrateurs négligent de provoquer cette réunion, ou si cette réunion générale n'a pu se constituer régulièrement, tout intéressé peut introduire en justice une demande en dissolution de la société.

Dans l'espèce de société qui nous occupe, les administrateurs étant des mandataires, ne sont responsables que des fautes personnelles qu'ils ont pu commettre dans l'exécution de leur mandat. A ce propos, le législateur établit la responsabilité de ces administrateurs-mandataires dans la distribution de dividendes fictifs, même lorsqu'il n'y a pas eu fraude de leur part. Ce genre de responsabilité s'étend non-seulement sur ceux qui ont distribué personnellement les dividendes incriminés, mais sur tous les administrateurs sans exception qui n'auraient pas fait un acte formel d'opposition.

Les commissaires sont des délégués de la société, nommés par elle pour surveiller les intérêts des associés. Ils sont choisis chaque année en assemblée générale soit dans la société, soit en dehors. On peut n'en nommer qu'un seul. A défaut d'assemblée générale, ces délégués sont désignés par le président du tribunal consulaire dans le ressort duquel se trouve le siége social.

Les commissaires n'exercent leur contrôle qu'à certaines époques de l'année : c'est ainsi que trois mois avant l'époque de l'assemblée générale, ils peuvent prendre communication des livres et étudier les opérations sociales. En outre, ils doivent faire chaque année un rapport à l'assemblée générale sur la situation de la société, sur le bilan et sur les comptes présentés par les administrateurs. Néanmoins, en cas d'urgence et quelque soit l'époque de l'année, les commissaires peuvent convoquer en réunion générale les actionnaires.

Comme les administrateurs, les commissaires sont des mandataires, mais la responsabilité de ces derniers est moindre. Ils sont tenus non plus solidairement, mais *in solidum* de la réparation des dommages provenant des fautes commises dans l'exécution du mandat.

Chaque année se tient une assemblée générale, à l'époque déterminée par les statuts Dans ces assemblées il est rendu compte aux actionnaires des opérations de l'année, on y entend le rapport des commissaires, la comptabilité est vérifiée, et ensuite les dividendes, s'il y a lieu, sont répartis entre les actionnaires.

Indépendamment de ces assemblées ordinaires, il y a également des assemblées extraordinaires dans lesquelles on constitue la société, on vérifie les apports, on modifie les statuts, etc... Dans toutes ces assemblées, les délibérations sont prises à la majorité des voix. Dans toutes, il doit être tenu une feuille de présence contenant les noms et domicile des actionnaires ainsi que le nombre des actions qui leur appartiennent. Cette feuille certifiée par le bureau de l'assemblée peut être communiquée à tout requérant.

Les statuts déterminent la quotité d'actions nécessaires pour assister et délibérer dans une assemblée, quand la société est définitivement constituée. Mais lorsqu'il s'agit des premières assemblées générales pour l'approbation des apports, la nomination des administrateurs et commissaires, tout porteur d'actions sans distinction du chiffre a voix dans l'assemblée. Les voix ne se comptent pas par tête, mais eu égard au nombre d'actions dont chaque associé est porteur. Ce chiffre est déterminé par les statuts. Toutefois, lorsqu'il s'agit d'assemblées constitutives de la société, la loi n'a pas laissé aux statuts la faculté de donner plus de dix voix aux porteurs d'une grande quantité d'actions. Le législateur a pris cette sage mesure dans l'intérêt des petits capitaux qui ne seraient pas suffisamment protégés contre les gros.

Dans une assemblée générale *ordinaire*, il suffit d'un nombre d'actionnaires représentant le quart au moins du capital, pour que la délibération soit valide. Dans une assemblée générale *constitutive* ou dans une assemblée *extraordinaire*, convoquée soit pour la modification des statuts, ou la dissolution avant terme, un nombre d'actionnaires représentant la moitié au moins du capital social est exigible.

Quand la portion du capital qui doit être représenté pour la validité de la délibération ne se trouve pas dans l'assemblée, trois cas peuvent se présenter : 1° Situation dans laquelle une assemblée *ordinaire* étant convoquée, le nombre d'actionnaires représentant le quart au moins du capital n'est pas atteint : Alors, une nouvelle assemblée est convoquée, laquelle délibère valablement cette fois, quelque soit la portion du capital que représentent les actionnaires assistant à cette assemblée. 2° Situation dans laquelle une assemblée générale *constitutive* de la société étant convoquée, le nombre d'actionnaires représentant la moitié au moins du capital ne se trouve pas présent : Alors, il ne peut être pris qu'une délibération provisoire. Cette délibération est portée à la connaissance des actionnaires absents par la publicité qui lui est donnée, deux fois, à huit jours d'intervalles, dans les journaux de la localité, désignés pour recevoir les annonces judiciaires. Un mois après cette insertion, est convoquée une seconde assemblée générale dans laquelle la délibération précédente devient valable si elle est adoptée par cette seconde assemblée, laquelle devra grouper un nombre d'actionnaires représentant le cinquième au moins du capital social. 3° Situation dans laquelle une assemblée générale est convoquée pour délibérer soit sur des modifications aux statuts, soit pour savoir si la société sera continuée après son terme, ou dissoute auparavant : Alors l'assemblée ne délibère valablement qu'autant qu'elle est représenté par un nombre d'actionnaires réunissant la moitié au moins du capital social. Sinon, une nouvelle assemblée est convoquée, mais elle doit toujours comme la première représenter la moitié au moins du capital social.

Les cas de nullité pour cause d'inobservation de la loi sont les mêmes pour la société anonyme que pour la société en commandite. Il faut en outre, pour la société anonyme ajouter les suivants : 1° lorsque les administrateurs désignés ne seront pas des mandataires à temps, révocables ou associés ; 2° lorsque la société aura été formée avec moins de sept associés; 3° lorsque la déclaration des fondateurs et les pièces à l'appui n'auront pas été soumises à l'assemblée générale; 4° lorsqu'on n'aura pas observé les conditions et formalités voulues pour la nomination des premiers administrateurs et des commissaires; 5° lorsque la société se sera formée avant qu'ils aient accepté leurs fonctions.

Les conséquences de la nullité atteignent ceux à qui elle peut être reprochée. Il peut donc y avoir solidarité entre les administrateurs et les fondateurs, et contre eux tous, envers les tiers qui peuvent avoir été lésés, sans préjudice des droits des actionnaires. Les juges ont la faculté d'étendre cette responsabilité solidaire à ceux des associés dont les apports ou les avantages n'auraient pas été vérifiés ou approuvés.

De même également que dans la société en commandite par actions, il est ici permis aux actionnaires représentant le vingtième au moins du capital social de charger dans un intérêt commun, à leurs frais, un ou plusieurs mandataires de soutenir un procès tant contre les administrateurs que contre les commissaires, sans préjudice de l'action que chaque actionnaire peut intenter en son nom personnel.

Une sanction pénale assure l'exécution de ces règles essentielles. Les cas prévus et les modes de pénalité sont les mêmes pour la société anonyme que pour la société en commandite par actions.

§ 2. — *Règles spéciales aux sociétés anonymes, à capital variable.*

Les règles spéciales aux sociétés anonymes à capital variable sont semblables aux règles particulières aux sociétés en commandite par actions à capital variable. Nous avons déjà exposé ces règles en parlant de ce dernier genre de société. Il est inutile de les reproduire ici. Nous n'avons donc qu'à renvoyer au paragraphe 2 du chapitre précédent.

CHAPITRE III.

DE LA PUBLICATION DES ACTES DE SOCIÉTÉ A CAPITAL VARIABLE.

Le titre IV de la loi de 1867 modifie les formalités relatives à la publication des actes de société, formalités qui faisaient l'objet des articles 42 et suivants du Code de commerce.

Ces formalités, pour les sociétés en nom collectif ou en commandite, consistaient principalement dans la remise d'un extrait des actes, dans la quinzaine de leur date, au greffe du tribunal de commerce de l'arrondissement où se trouvait le siége social pour être transcrit sur le registre et affiché pendant trois mois dans la salle d'audiences. De plus, l'extrait était publié dans les journaux désignés pour les annonces judiciaires.

Quant aux sociétés anonymes, l'ordonnance d'autorisation accordée par l'État et l'acte de société devaient être affichés *en leur entier* durant trois mois également. Mais il n'était pas nécessaire qu'avant d'afficher on opérât une transcription au greffe du tribunal de commerce.

La législation actuelle a introduit un système de publication qui a en principe le mérite de l'uniformité et d'être applicable à tous les genres de société.

C'est seulement sur certains points fort secondaires que cette législation diffère, soit qu'il s'agisse de sociétés en nom collectif, soit qu'il s'agisse de sociétés en commandite, anonymes ou à capital variable.

Il nous suffira d'exposer les règles concernant la publicité des sociétés anonymes ou en commandite par actions. Car nous savons que les sociétés à capital variable ne revêtent ordinairement que ces deux formes de société.

Dans le mois qui suit la constitution de toute société commerciale, un double de l'acte constitutif, s'il est sous-seing privé, ou une expédition s'il est notarié est déposé au greffe de la justice de paix et du tribunal de commerce du lieu dans lequel est établie la société. Dans le cas où la société a plusieurs maisons de commerce situées dans divers arrondissements, le dépôt doit aussi être fait dans le mois de la constitution de la société aux greffes de chacun de ces arrondissements où sont situées ces maisons de commerce.

Dans la société en commandite par actions, on doit annexer à l'acte constitutif qui est déposé : 1° une expédition de l'acte notarié constatant la souscription du capital social et le versement du dixième; 2° une copie certifiée des délibérations de l'assemblée générale relatives à la vérification et à l'approbation des apports ou des avantages.

Dans la société anonyme, outre les pièces précédentes, on doit annexer : 1° une copie certifiée de la délibération de la première assemblée générale chargée de vérifier la souscription intégrale du capital ainsi que les versements effectués; 2° la liste nominative dûment certifiée des souscripteurs, contenant les noms, prénoms, qualités et nombre d'actions de chacun d'eux.

Une autre condition doit encore être remplie dans le mois qui suit la constitution de la société, c'est l'insertion, dans un journal d'annonces judiciaires, d'un extrait de l'acte de société. Cet extrait contiendra quand il s'agira d'une société en commandite par actions : 1° l'énonciation que la société est en commandite par actions, à capital variable; 2° l'indication de la raison sociale; 3° du siége social; 4° l'énonciation du montant du capital social et du montant des valeurs fournies ou à fournir par les commanditaires ou actionnaires; 5° la désignation des associés autorisés à gérer, à administrer, à siéger pour la société; 6° l'époque où la société commence et celle où elle doit finir; 7° la date du dépôt fait au greffe de la justice de paix et du tribunal de commerce. Dans la publication apportée à ce genre de société, la personne des commanditaires ou actionnaires ne doit pas être désignée, la société en commandite se composant de leur mise et non pas de leur personne. On doit seulement indiquer les noms de ceux qui sont responsables et tenus sur leurs biens des engagements de la société.

Lorsqu'il s'agit d'une société anonyme à capital variable, l'extrait doit contenir : 1° l'indication que la société est anonyme, à capital variable; 2° la dénomination adoptée par la société; 3° l'indication du siège social; 4° l'énonciation du capital social et les valeurs fournies ou à fournir; 5° la désignation des administrateurs et commissaires; 6° l'époque où la société commence et celle où elle doit finir; 7° la date du dépôt fait au greffe de la justice de paix et du tribunal de commerce; 8° la quotité des prélèvements à faire sur les bénéfices pour le fonds de réserve. Enfin dans la société anonyme, à capital variable dans la société en commandite, à capital variable, l'extrait devra contenir également l'indication de la somme au-dessous de laquelle le capital social ne pourra être réduit.

L'extrait des actes et pièces déposées est signé, pour les actes publics, par le notaire et pour les actes sous-seing privé, par les gérants des sociétés en commandite ou par les administrateurs des sociétés anonymes.

Toutes ces formalités du dépôt et de la publication de l'extrait doivent être observées à peine de nullité à l'égard des intéressés, mais le défaut d'aucune d'elles ne peut être opposé aux tiers par les associés. Elles ne sont pas requises seulement pour la constitution de la société, elles sont aussi prescrites lorsqu'il s'agit de modifier les statuts, de continuer la société au-delà de son terme, ou de la dissoudre auparavant; lorsqu'il y a changement ou retraite d'associés; quand l'assemblée prononce sur la question de dissolution d'une société anonyme, en cas de perte des trois quarts du capital social; quand le capital social d'une société à capital variable doit être augmenté.

Toutefois, la loi affranchit des formalités du dépôt et de la publication les actes constatant les augmentations ou diminutions du capital social, lorsqu'il a été stipulé dans les statuts que le capital serait susceptible d'augmentation par des versements successifs faits par les associés ou l'admission d'associés nouveaux ou de diminution par la reprise soit totale, soit partielle des apports. Il en est de même des actes constatant les retraites des associés, soit volontaires, soit forcées, dans les sociétés à capital variable; mais les actes constatant les retraites des gérants ou des administrateurs de ces sociétés sont soumises aux formalités de dépôt et de publication.

En ce qui concerne la législation sur la publicité des sociétés ou des modifications à apporter aux statuts, la sanction est la nullité à l'égard des intéressés et non à l'égard des tiers.

En outre, aux termes de l'article 64, dans les actes, factures, annonces émanant de ces sociétés, la désignation sociale doit toujours être précédée de ces mots : *société à capital variable*, à peine en cas d'infraction d'une amende de 50 à 1,000 fr.

QUESTIONS CONTROVERSÉES.

DROIT ROMAIN.

I. — Leges 70, § 1, 25, § 2, ad senatumconsultum Trebel D. et leges II de manumiss., 29, § 1, qui ea quibus. D inter se pugnant.

II. — Non dissentiunt Paulus in lege 1, de adimendis legatis et Ulpianus in lege 4, § 1, libro VIII, tit. V. D : si servitus vendicetur.

DROIT FRANÇAIS.

I. — Les père et mère naturels peuvent-ils exercer la droit de retour écrit drns l'art. 747 du Code civil? — Je ne le pense pas.

II. — Les époux mariés sous le régime de la communauté légale peuvent-ils donner conjointement les immeubles de la communauté à d'autres qu'aux enfants communs? — Non.

III. — Sous le régime exclusif de communauté, le mari qui a autorisé sa femme à faire le commerce, peut-il être poursuivi pour les dettes commerciales, et daus quelles limites? — Il peut être poursuivi quant aux intérêts et non quant au capital.

IV. — Le locataire peut-il être déchargé de sa responsabilité, s'il prouve que ni lui ni les siens n'étaient présents, ni tenus de se trouver sur les lieux, lors de l'incendie? — Oui.

DROIT COMMERCIAL.

I. — La société en nom collectif est-elle recevable à prouver que l'engagement bien que revêtu de la raison sociale n'intéresse que l'associé qui l'a contractée et que par suite, elle n'en saurait être tenue? — Non.

II. — Le capital d'une société en commandite par actions peut-il être amoindri par des remboursements d'actions faits par le gérant au profit d'actionnaires au cours de la société? — Non.

DROIT ADMINISTRATIF.

Quelle est l'autorité compétente pour fixer l'indemnité en cas de dommage permanent résultant de travaux publics? — L'autorité judiciaire.

PROCÉDURE.

Les créanciers produisant dans une distribution par contribution acquièrent-ils par le seul fait de l'expiration du délai de production (art. 660 du Code de procédure), un droit exclusif sur la somme à distribuer? — Non.

Paul GALLERY DES GRANGES.

Vu pour l'impression :

Le doyen, Ed. BODIN.

Nantes, imprimerie Centrale, rue Santeuil, 8.

www.ingramcontent.com/pod-product-compliance
Lightning Source LLC
LaVergne TN
LVHW020246230826
846091LV00006B/2263

9782011296351